Das Detektivbüro LOlliPop

Hier seht ihr das Hauptquartier des Detektivbüros LOlliPop. Es befindet sich in einer Eiche im Garten von Familie Handrick. Lilli und ihr Vater haben es zusammen gebaut.

Und hier seht ihr die drei Mitarbeiter des Detektivbüros LOlliPop:

Das ist Lilli. Sie ist zehn Jahre alt und eine begabte Handwerkerin und Tüftlerin. Ihr Vater ist Architekt und Schreiner. In seiner Werkstatt hat Lilli schon viele tolle Sachen gebastelt.

Das ist Olli. Olli ist 11 Jahre alt, Lillis bester Freund und wohnt gleich nebenan. Olli ist auch ein begabter Tüftler, aber er tüftelt vor allem mit dem Kopf. Er ist ein Mathegenie und liebt Rätsel aller Art. Er war es auch, der die Idee mit dem Detektivbüro hatte.

Und das ist Poppy, Lillis Hund – die einzige „echte" Spürnase im Detektivbüro. Als Wachhund ist er allerdings nicht zu gebrauchen, denn Poppy liebt alle Menschen (naja – fast alle) und alle Tiere und vor allem Pfützen.

Und wisst ihr jetzt auch, warum das Detektivbüro LOlliPop heißt?

Personen,
die sonst noch wichtig sind:

Pia ist Lillis beste Freundin. Sie ist eine Pferdenärrin und verbringt die meiste Zeit im Reitstall. Manchmal unterstützt sie das Detektivbüro bei den Ermittlungen. Deshalb hat Lilli sie zur „Spezialagentin" ernannt.

Noah ist ein echter Naturbursche und weiß alles über Fährtenlesen, Tierstimmen und Natur. Er ist Spezialagent Nummer 2 und auch nur gelegentlich im Einsatz.

Das sind Ollis Onkel Paul und seine Frau Katrin. Paul ist Kriminalhauptkommissar – und damit sehr nützlich für jemanden, der ein Detektivbüro betreibt. Davon abgesehen sind die beiden aber auch noch wahnsinnig nett!

Die goldenen Regeln für Detektive

(Auszug aus dem Handbuch des Detektivbüros LOlliPop)

1. Gehe mit offenen Augen durch die Welt.
2. Erweitere dein Wissen, wann immer du kannst.
3. Schau genau hin.
4. Hör genau zu.
5. Denke immer in alle Richtungen.
6. Recherchiere! Recherchiere! Recherchiere!
7. Ziehe keine voreiligen Schlüsse.
8. Traue nichts und niemandem, und vor allem nicht dem Internet.
9. Lerne aus deinen Fehlern.
10. Die einfache Wahrheit ist meistens die falsche.

Zusammenstoß

Lilli hat gerade mit Poppy das Haus verlassen, da kommt Olli angelaufen. „He, warte!", ruft Olli. „Wo willst du hin?" „Wuff!", macht Poppy und begrüßt Olli mit einem feuchten Stupser und sehr viel Schwanzwedeln. „Wir wollen zum Lädchen", sagt Lilli. „Mama backt gerade was für Halloween und hat vergessen, Milch zu kaufen." „Dann komm ich mit!", entscheidet Olli. Das „Lädchen" ist ein Kiosk in der Burgstraße, und die Besitzerin, die Hannelore heißt, hat immer etwas Süßes umsonst für Lilli und ihn. Als die beiden in die Burgstraße einbiegen wollen, kommt jemand um die Ecke gerannt und stößt heftig mit Olli zusammen. „Aaah!", schreit Olli und landet mit dem Hintern auf dem Asphalt. „Pass doch auf, du …" „Blödmann!", will er eigentlich sagen, aber dann bleibt ihm der Rest des Satzes im Halse stecken. Die Person, die vor ihm steht, sieht ziemlich gruselig aus.

Sie ist ganz in schwarz gekleidet und trägt über dem Gesicht eine Fledermausmaske. Auf dem Kopf hat sie eine rote Schirmmütze.

„He!", ruft Lilli, aber sie wird mit einem Knurren weggeschubst. „Wuff!", macht Poppy und schnappt blitzschnell nach der Hand des maskierten Rüpels. Er ist zwar der netteste Hund weit und breit, aber wenn jemand seine Lilli angreift, versteht er keinen Spaß. Der Maskierte gibt einen Schmerzenslaut von sich. „Aus!", ruft Lilli und packt ihren Hund am Halsband. Der Mensch in Schwarz rennt mit langen Schritten davon. Lilli starrt ihm nach. Am Ende der Straße wirft er im Vorbeilaufen etwas ins Gebüsch, dann biegt er um eine Häuserecke und ist verschwunden. „Was war das denn?", brummt Olli. Er sitzt immer noch auf dem Gehweg und versucht Poppy abzuwehren, der ihm tröstend das Gesicht abschleckt. „Komischer Typ!", sagt Lilli. Sie fühlt sich etwas zittrig. „Lässt sich beißen und rennt einfach weiter. Hast du gesehen? Es hat richtig geblutet." Olli rappelt sich auf. „Und was sollte diese komische Verkleidung? Halloween ist doch erst morgen."

Überfall

Mit weichen Knien (Lilli) und schmerzendem Hintern (Olli) machen sich die beiden Detektive und ihr Hund auf den Weg zum Lädchen. Als sie eintreten, ist niemand zu sehen. Die Türglocke bimmelt. Aber niemand erscheint. „Hallo?", ruft Lilli. Aus dem Hinterzimmer ertönt ein leises Stöhnen. Olli und Lilli sehen sich an. „Hallo, Frau Hannelore, sind Sie da?", fragt Olli. Wieder ein Stöhnen.

„Komm, Poppy!", sagt Lilli entschlossen. „Wir gucken mal nach." Sie geht um die Theke herum und schiebt den Vorhang zu dem kleinen Zimmer beiseite, das sich hinter dem Laden befindet. Dann schreit sie erschrocken auf.

Denn auf dem Boden liegt Frau Hannelore, gefesselt und geknebelt, und ihr Gesicht ist so weiß wie ein Vollmond. Sie stöhnt. Schnell kniet Olli sich neben sie und nimmt ihr den Knebel und die Fesseln ab. Dann helfen er und Lilli ihr auf einen Stuhl und bringen ihr ein Glas Wasser. „Was ist passiert?", fragt Olli. „Bin überfallen worden", krächzt Frau Hannelore. „Kinder, seid so lieb, ruft die Polizei. Ach, geh weg mit dem Wasser! Ich brauch jetzt erst mal einen Schnaps."

Während Olli die Polizei alarmiert (da sein Onkel Paul Kriminalhauptkommissar ist, weiß er ganz genau, wie man das macht), schenkt Frau Hannelore sich mit zitternden Händen einen Schnaps ein, kippt ihn hinunter, und schnäuzt sich einmal kräftig. „Aaah!", sagt sie dann und seufzt. Poppy legt seine Schnauze auf ihr Knie und wedelt freundlich mit dem Schwanz. Frau Hannelore streichelt über seinen Kopf und holt tief Luft. „Also, nein, so was!", sagt sie dann. „Da kam so ein schwarz gekleideter Kerl mit einer Maske rein und hielt mir eine Pistole unter die Nase", erzählt Frau Hannelore. „Ich habe gleich gesehen, dass sie nicht echt war. Also habe ich gesagt: Mit so einer Plastikwumme kannst du deine Großmutter erschrecken. Da hat er mir die Faust ins Gesicht geschlagen und ich bin umgefallen. Als ich wieder aufwachte, lag ich gefesselt und geknebelt im Hinterstübchen." „Ich glaube", sagt Lilli, „wir haben den Dieb eben getroffen."

TEST: Täterbeschreibung

Hier könnt ihr testen, wie gut eure Beobachtungsgabe ist. Auf Seite 6 habt ihr den Dieb gesehen. Blättert NICHT zurück. Kreuzt hier alles an, woran ihr euch erinnert. Dann blättert um auf die nächste Seite und vergleicht.

- [ ] Der Täter war dick.
- [ ] Der Täter war dünn.
- [ ] Der Täter trug einen Rucksack.
- [ ] Der Täter trug eine Umhängetasche.
- [ ] Der Täter trug eine Wollmütze.
- [ ] Der Täter trug eine Baseballkappe.
- [ ] Der Täter trug Stiefel.
- [ ] Der Täter trug Turnschuhe.
- [ ] Der Täter trug eine Maske.
- [ ] Der Täter trug einen Schal.
- [ ] Der Täter trug einen langen Mantel.
- [ ] Der Täter trug Handschuhe.
- [ ] Der Täter trug eine kurze Jacke.
- [ ] Der Täter hatte im linken Ohr zwei Ringe.
- [ ] Der Täter hatte im rechten Ohr zwei Ringe.

Lösung

- Der Täter war dünn.
- Der Täter trug einen Rucksack.
- Der Täter trug eine Baseballkappe.
- Der Täter trug Turnschuhe.
- Der Täter trug eine Maske.
- Der Täter trug eine kurze Jacke.
- Der Täter hatte im linken Ohr zwei Ringe.

Seltsame Beute

„Haben Sie den Typ erkannt?", fragt Olli.
„Ich meine, war es vielleicht jemand aus der Gegend?" Frau Hannelore schüttelt den Kopf. „Keine Ahnung. Er hat kein Wort gesagt, und er hatte ja diese Maske auf und das Käppi mit diesem komischen Zickzackmuster." Sie denkt kurz nach. „Aber komisch ist es schon, dass er ausgerechnet in der Stunde kommt, in der bei mir nie was los ist. Als hätte er es gewusst." „Oder vorher ausspioniert", ergänzt Lilli. „Hat er denn was geklaut?" „Ach Gottchen", sagt Frau Hannelore. „Das hat er bestimmt. Warum sollte man wohl sonst jemanden überfallen. Aber ich muss mal nachschauen ..." Sie erhebt sich stöhnend von ihrem Stuhl und geht nach vorne in den Laden. Dort schaut sie sich prüfend um. „Tja", sagt sie dann langsam. „Das ist ja seltsam ...."

Schau genau hin!

Hier seht ihr den Laden von Frau Hannelore vor dem Diebstahl.

Und hier seht ihr den Laden von Frau Hannelore nach dem Diebstahl. Was hat der Dieb mitgehen lassen?

Lösung

Und ein seltsames Täterprofil

„Also, dass er das Geld aus der Kasse mitnimmt, war ja klar", sagt Frau Hannelore. „Aber was will er mit einer Zeitschrift für kleine Mädchen?" „Und wieso muss man die klauen?", überlegt Olli. „So teuer ist die doch nicht, oder?" „Und dann noch eine Kuckucksuhr, ein Einhorn und ein Jedi-Ritter und eine Stange Zigaretten", fügt Lilli hinzu. „Was sagt uns das über den Täter?" Olli grinst: „Er raucht, steht auf Star Wars, seine Uhr ist kaputt und er hat eine kleine Tochter, die verrückt ist nach rosa Pferden und Einhörnern?" Bevor Lilli darauf etwas sagen kann, klingelt die Ladenglocke und zwei Polizisten betreten den Laden. Nun muss Frau Hannelore noch einmal genau berichten, was passiert ist, was gestohlen worden ist, und wie der Täter aussah. Dann wendet sich einer der Polizisten Lilli und Olli zu. „Und ihr habt den Täter auch gesehen?", fragt er. „Ich bin mit ihm zusammengestoßen", sagt Olli und berichtet. „Ist euch dabei vielleicht etwas Besonderes an ihm aufgefallen?", fragt der Polizist. „Könnt ihr ihn beschreiben?"

„Nein, er hat kein Wort gesagt", antwortet Lilli. „Noch nicht mal, als mein Hund nach seiner Hand geschnappt hat." „Oh, er hat ihn gebissen?", sagt der Polizist. „Dann hat er also jetzt eine Bisswunde an der Hand?" „An der rechten", bestätigt Lilli und ärgert sich kurz, dass sie noch nicht selber drauf gekommen ist. „Es hat geblutet." „Und was glaubt ihr, wie alt der Täter war?", fragt der Polizist. Olli und Lilli sehen sich ratlos an. „Keine Ahnung", sagt Olli schließlich. „Er trug ja diese Maske und eine Mütze, man konnte seine Haare nicht sehen." „Aber er war schlank und konnte sehr schnell rennen", sagte Lilli. „Bestimmt war er nicht so schrecklich alt."

Tipps für Detektive:
Täterbeschreibung

Es ist gar nicht so einfach, jemanden genau zu beschreiben. Oft nimmt man andere Menschen nur ungenau wahr, und manchmal schätzt man Alter, Größe usw. anders ein, als es tatsächlich ist. Macht hierzu zwei Tests:

1. Test: Wahrnehmung

Gehe mit einem Freund/einer Freundin in einen Laden, in die Bücherei, zum Schwimmen oder ähnliches. Dann bitte deinen Freund/deine Freundin, die Frau an der Kasse, den Mann an der Theke oder eine andere Person zu beschreiben, mit der ihr Kontakt hattet. Na, kann er/sie sich erinnern?

2. Test: Beschreibung

Geht zu zweit oder dritt los (jeder mit Stift und Papier bewaffnet) und sucht euch eine beliebige Person aus, die euch begegnet: Busfahrer, Verkäufer, Schülerlotse … Beobachtet die Person kurz, dann setzt euch hin und notiert eine möglichst genaue Beschreibung. Anschließend vergleicht ihr eure Notizen.

Checkliste Personenbeschreibung

- [ ] Mann oder Frau, Junge oder Mädchen?
- [ ] Alter?
- [ ] Größe? (Sucht euch einen Vergleichspunkt, z. B. eine Tür, andere Personen, die danebenstehen etc.)
- [ ] Statur: dick, dünn, sportlich, zierlich, kräftig, gebeugt, aufrecht …
- [ ] Haare: Farbe, Länge, Frisur, Extras? Bart?
- [ ] Kleidung: Was? Farbe? Auffällige Muster, Beschriftungen, Markenzeichen, zerschlissen oder nagelneu, unauffällig oder ausgefallen?
- [ ] Kopfbedeckung?
- [ ] Schuhe?
- [ ] Gepäck: Handtasche, Rucksack, Plastiktüte, Koffer? Regenschirm?
- [ ] Wie bewegt sich die Person: schnell, langsam, schwerfällig, zielstrebig, suchend, ungeduldig, unsicher?
- [ ] Sonstige Auffälligkeiten? Viele Sommersprossen, Tätowierung, auffällige Hautfarbe, stark geschminkt, Narbe?

Ein wertvoller Fund

Eine halbe Stunde später schlendern Olli und Lilli mit einer Tüte Lakritzschnecken in der Hand zurück nach Hause. „Das ist ein Fall für uns", sagt Lilli. „So viel ist ja wohl klar." „Wir nennen ihn „Überfall" - so viel ist auch klar!", fügt Olli hinzu. „Aber wo fangen wir mit der Recherche an?" „Hier!", sagt Lilli und bleibt stehen. Sie zeigt auf einen Busch. „Hier hat der Typ nämlich eben etwas in den Busch geworfen, als er weggelaufen ist." „Warum hast du das denn nicht der Polizei gesagt?", fragt Olli streng. „Die müssen das wissen." „Weil es mir gerade erst wieder eingefallen ist", sagt Lilli. Sie geht in die Hocke und kriecht in den Busch. „Wuff!", macht Poppy begeistert und kriecht hinterher. Er liebt Versteckspiele! „Hab was!", ruft Lilli gleich darauf und kommt wieder herausgekrabbelt. Triumphierend hält sie eine Maske hoch. „Na, was sagst du nun?" Olli betrachtet die Maske nachdenklich. „Irgendwie hab ich das Gefühl, dass ich die schon mal gesehen habe." „Ja, eben, du Schlaumeier!", sagt Lilli. „Als du mit dem Typ zusammengekracht bist!"

Olli schüttelt den Kopf. „Nein, ich glaube, in irgendeinem Laden." Er denkt nach, aber es fällt ihm nicht ein. „Vielleicht an der S-Bahn-Haltestelle?" Dort gibt es ein paar Läden und Cafés. „Sollen wir mal gucken gehen?" Aber da fällt Lilli plötzlich etwas ein. „Oh nein!", ruft sie erschrocken. „Die Milch! Die hab ich ja ganz vergessen! Ich muss noch mal zurück. Au weia, Mama ist bestimmt total sauer!"

Masken

Erst am nächsten Tag können die Detektive ihre Nachforschungen fortsetzen. In der Nähe der S-Bahn-Station finden sie ein ganzes Schaufenster voller Masken. Ist die Maske des Diebs auch dabei? Vergleiche mit dem Bild auf der vorigen Seite.

Lösung

Eine heiße Fährte

Olli, Lilli und Poppy betreten den Laden. Hinter der Theke steht ein ziemlich dicker älterer Mann und schaut ihnen verdrießlich entgegen. „Guten Tag!", sagt Lilli höflich. „Wir haben eine Frage." Der Mann schaut noch ein wenig verdrießlicher. Lilli hält die Maske hoch. „Wir haben diese Maske gefunden. Können Sie sich vielleicht erinnern, ob jemand sie vor Kurzem bei Ihnen gekauft hat?" Der Mann mustert die Maske kurz, dann sieht er von Lilli zu Olli und zu Poppy und fragt misstrauisch: „Warum wollt ihr das wissen?" „Vielleicht können wir sie dem Besitzer zurückgeben", sagt Olli. Sie ist noch wie neu." Der Mann guckt jetzt ein kleines bisschen freundlicher. „Soso", sagt er. „Das ist aber nett von euch." Er schaut die Maske an und denkt nach. „Ich habe ziemlich viele Masken verkauft in der letzten Woche", sagt er. „Wegen Halloween. Am besten gingen die Zombie-Masken. Die Geisterfratzen waren auch nicht schlecht. Diese hier... Hm. Also da war ein Junge, vielleicht acht Jahre alt, der hat eine gekauft." „Kannten Sie ihn?" „Ja, der kommt schon mal mit seiner Schwester hier rein und dann blättern sie alle Zeitschriften durch. Aber sie kaufen selten was. Sie wohnen drüben in einem von den Hochhäusern, glaube ich." „Wie sah er aus?" „Rote Haare. Schmal. Sommersprossen. Und die Schwester genauso. Die beiden müssen Zwillinge sein."

„Und sonst hat niemand diese Maske gekauft?" Der Mann denkt nach. „Dann kam ein junger Mann, so Mitte 20. Der hat gleich vier Masken gekauft, diese hier und noch drei. Er hatte es sehr eilig und stürzte gleich wieder raus."

„Wie sah er aus?", fragt Olli. Er hat seinen Notizblock herausgeholt und macht sich Notizen. „Wie ein Student. Jeans, Pullover, Rucksack. Alles irgendwie dunkel. Kurze Haare. Mehr weiß ich nicht mehr. Habe ihn vorher noch nie gesehen. Unauffälliger Typ. Kann mich nicht mal mehr an die Haarfarbe erinnern."

„Und sonst noch jemand?", fragt Lilli. Der Mann nickt. „Ein junges Mädchen, vielleicht 16 Jahre oder so. Lange blonde Haare. Hübsch. Ich dachte noch, wie schade es ist, so ein Gesicht unter so einer hässlichen Maske zu verstecken." „Kannten Sie sie?" „Nee. An die könnte ich mich bestimmt erinnern, wenn die öfter hier wäre." Der Mann grinst. „Sie hat zwei Masken gekauft. Für sich und ihren Freund, wette ich." „War ihr Freund dabei?" „Nein, das war jetzt nur eine Vermutung."

„Vielen Dank auch", sagt Olli. „Sie haben uns sehr geholfen." „Und jetzt wollt ihr die drei ausfindig machen und sie fragen, ob sie ihre Maske verloren haben?", fragt der Mann. Plötzlich sieht er wieder griesgrämig aus. „Na, dann viel Spaß dabei."

Lilli macht eine Entdeckung

„Er hat recht", sagt Olli. „Genauso gut können wir die Stecknadel im Heuhaufen suchen." Doch Lilli bleibt plötzlich stehen und sagt aufgeregt: „DA!"

Was hat Lilli gesehen?

Lösung

Böse Fledermäuse

Lilli zeigt eifrig auf das Plakat an der Hauswand. „Guck doch – das Fledermauszeichen! Das ist das Logo von den „Bad Bats"." „Die bösen Fledermäuse?" Olli runzelt die Stirn. „Was soll denn das sein?" „Na, eine Band natürlich, was denn sonst!", sagt Lilli. „Und sie spielen morgen im Tanzkeller." Sie strahlt Olli an. „Und wir gehen hin." „Uuuh", macht Olli. Er kann Halloween nicht leiden und Tanzen schon gar nicht. „Wieso?" „Du stehst aber heute ganz schön auf der Leitung", sagt Lilli ungeduldig. „Der Dieb hatte doch diese Mütze auf! Mit dem Zeichen der „Bad Bats". Also ist er vielleicht ein Fan von ihnen. Wir gehen hin und halten die Augen offen." Olli ist noch nicht überzeugt. „Aber ein Erwachsener geht doch nicht zu einer Kinderparty!" Lilli sieht ihn missbilligend an. „Regel Nummer 5: Denke immer in alle Richtungen. Vielleicht hat er Kinder?" „Ich kann morgen nicht", sagt Olli bestimmt. „Am besten, du nimmst Pia mit!" „Kommt nicht in Frage, dass du kneifst!", schimpft Lilli. „Du bist schließlich mit dem Dieb zusammengerasselt! Du erkennst ihn bestimmt am ehesten wieder."

„Aber ich habe doch gar nicht viel gesehen", wendet Olli ein. „Das Einzige, woran ich mich noch gut erinnern kann, ist, dass seine Klamotten nach Zigarettenrauch rochen." Er schaut auf seinen Notizblock. „Also von denen, die diese Maske gekauft haben, kann es eigentlich nur der Student gewesen sein." „Wieso?", fragt Lilli. „Die beiden Kinder sind zu klein – der Dieb war viel größer als ich", erklärt Olli. „Die mit den langen blonden Haaren kommt auch nicht in Frage, denn die langen blonden Haare hätten wir unter dem Käppi gesehen. Bleibt nur noch der zwanzigjährige Student. Aber der hat bestimmt noch keine Kinder, oder? Warum sollte er dann diesen Kinderkram klauen?"

TEST: Allgemeinwissen

Ein guter Detektiv braucht ein breites Allgemeinwissen. Hier kannst du testen, was du über Halloween weißt.

1. Welches Gemüse steht im Mittelpunkt des Halloween-Festes?
   a) Die Kartoffel
   b) Der Kürbis
   c) Die Runkelrübe
2. Das Halloween-Fest ist von den USA aus zu uns gekommen. Aber wer brachte die Halloween-Tradition nach Amerika?
   a) Die Iren
   b) Die Franzosen
   c) Die Engländer
3. Vor welchem Feiertag findet das Halloween-Fest statt?
   a) Vor Sankt Martin
   b) Vor Allerheiligen
   c) Vor dem Totensonntag

Lösung

1b, 2a, 3b

Die Halloween-Party

„Können wir jetzt endlich gehen?", stöhnt Olli. „Das hat doch keinen Zweck hier. Wenn ihr mich fragt – das ist von Anfang an eine Schnapsidee gewesen!" „Dich fragt aber keiner", schnappt Lilli. Seit fast einer Stunde stehen die beiden zusammen mit ihren Spezialagenten Pia und Noah im Keller des „TaKe 24" und beobachten die Gäste der „Halloween-Party". Anfangs trudeln nur wenige Kinder ein, manche mit ihren Eltern, manche verkleidet – aber inzwischen hat sich der Keller gut gefüllt. Allerdings haben die vier noch keine einzige Fledermaus-Mütze gesichtet. Und auch sonst nichts, was ihnen bei ihrem Fall hätte weiterhelfen können. In einer Ecke des Raumes ist eine Bühne mit einer Musikanlage aufgebaut, aber von den „Bad Bats" hat sich bisher noch niemand blicken lassen. „Und diese dämliche Band könnte auch mal langsam antreten!", meckert Olli weiter. Pia boxt ihn in die Seite. „Reg dich ab", sagt sie. „Da kommen sie doch!" Tatsächlich flammen plötzlich in der Ecke des Raumes starke Scheinwerfer auf und vier Musiker in Fledermauskostümen springen

auf die Bühne. „Wow!", sagt Noah. „Vier Fleder-
mausmützen – gleich vier Verdächtige!"

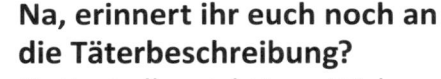

**Na, erinnert ihr euch noch an
die Täterbeschreibung?**
Notiert alle wichtigen Stichworte auf der
nächsten Seite und überlegt, wer von den
vieren tatsächlich als Täter in Frage
kommen würde!

Deine Stichworte zum Täter

Lösung

Der Täter hatte zwei Ohrringe im linken Ohr und trug gestreifte Turnschuhe. Er war mittelgroß und schlank, und roch nach Zigarettenrauch. Er muss eine Bisswunde an der rechte Hand haben.

Demnach kommen der Gitarrist und die Bassistin eindeutig nicht in Frage als Täter, denn ihre Hände sind unversehrt, und die Bassistin trägt nur einen Ohrring im rechten Ohr.

Der Schlagzeuger dagegen hat die rechte Hand verbunden, und die Sängerin trägt Handschuhe, könnte damit also eine Bisswunde verstecken.

Die „Bad Bats"

Während die vier Detektive noch mit offenen Mündern vor ihren Verdächtigen stehen, begibt sich ein Mann in Jeans und T-Shirt auf die Bühne, greift sich das Mikrofon und sagt: „Und hier sind sie, die Stars unserer Halloween-Party, die unbeschreiblich unglaublich ultracoolen – BAD BATS!!! Herzlich willkommen!"

In der nächsten Sekunde erfüllt ein ohrenbetäubender Lärm den Tanzsaal, als der Gitarrist die Anfangsakkorde des ersten Lieds anschlägt. Nicht nur die vier Detektive zucken heftig zusammen, sondern auch der Mann in Jeans. Schnell überreicht er der Sängerin das Mikrofon und verlässt die Bühne wieder. Sofort füllt sich der Platz vor der Bühne mit Schaulustigen. Olli hat plötzlich ganz vergessen, dass er nach Hause wollte, so gut gefällt ihm die Musik. Aber Noah zupft Lilli am Ärmel und brüllt ihr ins Ohr: „Sagte der Verkäufer nicht was von zwei rothaarigen Kindern? Guck mal da! Könnten sie das sein?" Lilli dreht sich um. „Die Beschreibung passt", sagt sie. „Aber das hilft uns ja nicht weiter. Keiner von ihnen kann der Dieb gewesen sein."

Noah mustert die beiden eine Weile. Das Mädchen hebt die Hand und winkt jemandem auf der Bühne zu. Noah brüllt wieder in Lillis Ohr: „Ich glaube, sie kennen jemanden aus der Band." In diesem Augenblick beugt Olli sich ebenfalls zu Lilli herüber und brüllt in ihr anderes Ohr: „Ist dir aufgefallen, dass da zwei rothaarige Kinder stehen, und die Sängerin auch rote Haare hat? Ich dachte gerade, vielleicht hat der Dieb diesen Kinderkram ja gar nicht für seine Kinder geklaut? Zum Geburtstag, oder so?" Lilli sieht Olli mit großen Augen an. „Du hast total recht!", brüllt sie. „Und mit zwei kleinen Fragen kriege ich raus, wer der Dieb war, wetten?" Bevor Olli darauf etwas sagen kann, dreht sie sich um und geht zu den beiden Kindern hinüber. Gespannt beobachten Olli, Noah und Pia, wie sie mit den beiden spricht. Dann sehen die drei Detektive, wie sie etwas aus der Tasche zieht und den beiden in die Hand drückt. Die Kinder strahlen. Lilli kehrt zu ihren Freunden zurück. „Kommt mit raus!", ruft sie aufgeregt. „Ich weiß jetzt, wer der Dieb war!"

Na – wisst ihr es auch? Und was hat Lilli die beiden Kinder wohl gefragt?

Kreuzworträtsel: Halloween

Zur Entspannung dürft ihr jetzt ein Kreuzworträtsel lösen. Das Lösungswort gibt euch einen Tipp.

1. Grimasse, verzerrtes Gesicht

2. Fliegendes Säugetier

3. Dein ganz persönlicher Feiertag

4. Diebesgut

5. Gegenteil von Feigheit

6. Knochenmann

7. Süßes oder .....

8. Abend vor Allerheiligen

9. Eine Gabe zum Geburtstag

10. Übermütiger Streich

11. Gegenteil von Nacht

12. Verkleidung

13. Das Ende des Lebens

14. Untoter

15. Nachtgestirn

16. Jemand, der stiehlt

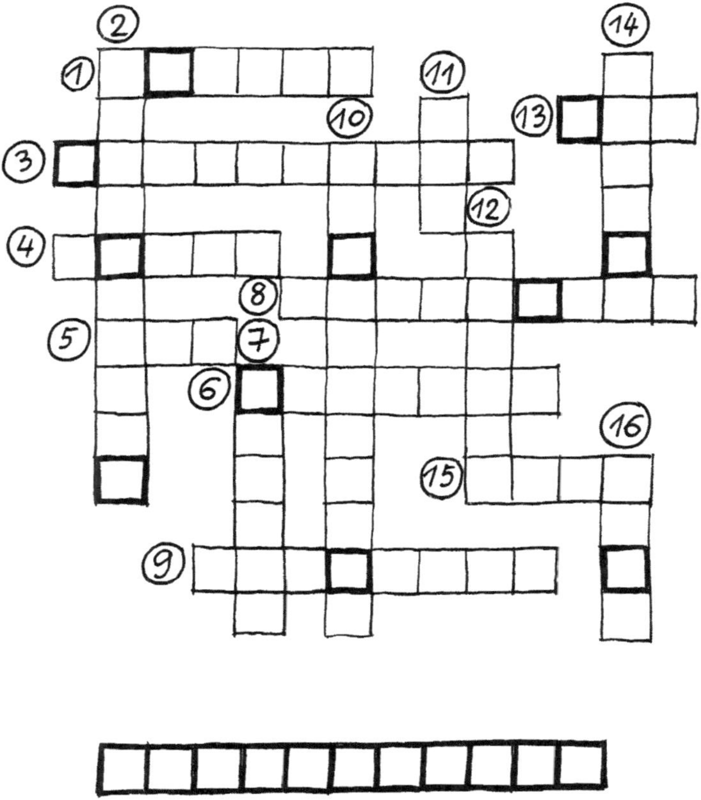
2
14
1
11
10
13
3
12
4
8
5
7
6
16
15
9

Lösung

1. Fratze
2. Fledermaus
3. Geburtstag
4. Beute
5. Mut
6. Skelett
7. Saures
8. Halloween
9. Geschenk
10. Schabernack
11. Tag
12. Kostüm
13. Tod
14. Zombie
15. Mond
16. Dieb

Lösungswort: Geschwister

Kriegsrat

"Na los, jetzt erzähl schon, was hast du rausgekriegt?" Auf dem Hof vor dem „TaKe 24" bestürmen Pia, Noah und Olli Lilli mit Fragen. „Ganz einfach", sagt Lilli und grinst zufrieden. „Ich habe sie gefragt, ob sie Fans von den „Bad Bats" sind, und sie haben geantwortet, dass ihre große Schwester die Sängerin ist. Und dann habe ich gesagt: „Ich wette, eure Schwester hat euch auch diese tollen Masken geschenkt!" Da hat das Mädchen erzählt, der Junge hätte seine Maske selber gekauft, aber sie hätte kein Geld gehabt, aber ihre große Schwester hätte ihr eine mitgebracht. Also habe ich sie gefragt, ob ihre Schwester ihnen schon mal öfter was schenkt, und sie hat gesagt, dass sie beide heute Geburtstag haben, weil sie ja Zwillinge sind, und das genau an Halloween, und dass ihre Schwester ihnen tolle Sachen zum Geburtstag geschenkt hat."
„Eine Star-Wars-Figur und ein Einhorn?", fragt Olli. „Genau!" Lilli strahlt. „Aber der Verkäufer in dem Laden mit den Masken hat doch nichts erzählt von einem Mädchen mit kurzen roten Haaren, die solche Masken gekauft hat", wirft

Pia ein. „Stimmt", sagt Lilli. „Aber erstens kann sie die Masken ja auch woanders gekauft haben, oder der Verkäufer hat sich nicht mehr richtig erinnert, oder sie war das Mädchen mit den langen blonden Haaren." „Du meinst, sie hatte eine Perücke auf?", fragt Noah. Lilli zuckt die Achseln. „Kann doch sein!" „Das heißt, der Dieb war gar kein Dieb, sondern eine Diebin", stellt Pia fest. „Überraschung!" „Das wissen wir nicht", sagt Olli. „Die Sängerin hat die Sachen zwar ihren Geschwistern geschenkt, aber das heißt ja nicht, dass sie sie auch geklaut hat, oder? Das kann doch auch jemand anders getan haben." „Und was machen wir jetzt?", fragt Noah. „Klarer Fall." Olli macht ein wichtiges Gesicht. „Wir rufen meinen Onkel Paul an, und dann gehen wir zur Polizei und erzählen ihnen, was wir herausgefunden haben."

Belohnung

Drei Tage später sitzen die vier Detektive bei Frau Hannelore im Hinterstübchen, trinken heißen Kakao mit Sahne und essen Windbeutel, und lassen sich feiern. „Ach Kinder", sagt Frau Hannelore. „Ihr glaubt ja gar nicht, wie mein Geschäft brummt, seit ich überfallen worden bin! Alle kommen vorbei und wollen die Geschichte hören! Und nur euch habe ich es zu verdanken, dass ich jetzt auch noch berichten kann, wer der Täter war." „Ja, die Polizei war echt fix", sagt Olli so stolz, als wäre es sein persönlicher Verdienst.

„Sie haben die Sängerin von der Band verhört, die übrigens Christina heißt, und ziemlich schnell rausgekriegt, was los war." „Sie hat zwar tatsächlich, als Blondine verkleidet, die beiden Masken gekauft", sagt Lilli. „Aber den Überfall hat ihr Freund, der Schlagzeuger begangen." „Der brauchte nämlich Geld", fügt Pia hinzu. „Und weil Christina und ihre beiden Geschwister es auch nicht so dicke haben, hat er gedacht, klaut er auch schnell noch ein paar Geburtstagsgeschenke." „Die Kuckucksuhr war für Christinas Mama", sagt Noah. „Die ist arbeitslos. Und ihr Mann ist verschwunden. Und sie hat schon seit Jahren nichts mehr geschenkt gekriegt." „Manche Leute haben es wirklich nicht leicht!", sagt Frau Hannelore und seufzt mal wieder. Dann hebt sie ihre Kakaotasse und sagt: „Aber wir, wir haben es heute richtig gut. Auf die erfolgreichen Detektive! Prost!"